고시원 창업과 운영 가이드북

고시원 창업과 운영 가이드북

초판 1쇄 발행일　2020년 9월 8일
초판 2쇄 발행일　2023년 4월 10일

지은이　　황재달 · 원영희
펴낸이　　최길주

펴낸곳　　도서출판 BG북갤러리
등록일자　2003년 11월 5일(제318-2003-000130호)
주소　　　서울시 영등포구 국회대로72길 6, 405호(여의도동, 아크로폴리스)
전화　　　02)761-7005(代)
팩스　　　02)761-7995
홈페이지　http://www.bookgallery.co.kr
E-mail　　cgjpower@hanmail.net

ISBN 978-89-6495-187-3　03320

고시원 창업과 운영 가이드북

황재달 · 원영희 공저

'고시원 창업'의 A에서 Z까지 총 망라된 대한민국 최초의 책!

고시원 창업
투자 평가
리포트

고시원
운영 관련
양식들

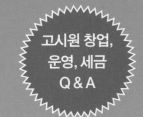

고시원 창업,
운영, 세금
Q&A

BG 북갤러리

추천사 1

고시원 창업 상품의 길잡이!

월파워(대한민국 고시원 아카데미 카페 회원)

《대한민국 최초의 고시원 창업비법》을 읽으면 고시원 창업에 대한 전반적인 개념을 정립할 수 있다. 책만으로 해소되지 않는 궁금한 점들을 가이드북을 통해 해소할 수 있다. 내가 궁금해 하는 것들은 다른 사람도 궁금해 한다. 이미 유튜브, 카페 등을 통해 질의응답이 누적되어 Q&A만 봐도 상당부분 해결할 수 있을 것이다.

법적인 부분이나 세금처럼 생소한 내용도 아주 자세히 나와 있다. 사업을 하지 않는다면 지겹고 이해하기도 어려운 내용일 수 있으나, 내 돈이 적게는 수천만 원이 걸려있는 일이다. 궁금할 수밖에 없는 내용을 자세히 예시를 통해 알 수 있다.

또한 이 가이드북을 통해 더 디테일한 간접 경험을 할 수 있을 것이다.

덤으로 운영 노하우도 얻을 수 있다. 물론 실전에서 생기는 아주 사소한 부분까지는 생각할 수 없지만, 적어도 GO냐, STOP이냐 판단하는 데 결정적인 도움이 될 것이다.

시간적인 여유가 있거나 자금을 준비하는 중이라면 《대한민국 최초의 고시원 창업비법》과 《고시원 창업과 운영 가이드북》을 통해 고시원이라는 창업 상품의 길잡이를 이용하자. 차곡차곡 견문을 넓히고 경험을 쌓는 것을 추천한다. 자금은 준비되었고 하루빨리 고시원 사업에 뛰어들고 싶다면 책과 더불어 컨설팅을 통해 시간 절약과 시행착오 제거라는 두 마리 토끼를 동시에 잡기를 바란다.

고시원 창업과 운영의 효자손이자 횃불!

행복한 부자(대한민국 고시원 아카데미 카페 회원)

저자가 추천사를 부탁하면서 책 내용을 보여주는데 이렇게 영업 비밀을 노출해도 되는지 많은 충격을 받았다. 《대한민국 최초의 고시원 창업 비법》도 고시원 창업관련 내용들이 오픈되어 독자들에게 신선한 충격과 호평을 받았다.

《고시원 창업과 운영 가이드북》도 고시원 예비창업자들의 궁금증과 걱정을 단번에 해결해 줄 가이드북이라고 생각한다. 수많은 컨설팅 경험을 통해 저자가 엄선한 Q&A는 고시원 창업을 준비하다보면 생길 수 있는 예비창업자들의 궁금증을 시원하게 긁어주는 '고시원 창업의 효자손' 같은 역할을 한다.

나름 꼼꼼하게 두 달 동안 창업을 준비한 본인조차도 '아~ 이런 것까지

고려해야 되겠구나!'라고 생각하게 될 정도로 책에서 커버하는 질문과 답변의 유형들은 빈틈이 없다. 수록된 투자 평가 리포트를 참고한다면 누구나 실전 매물에 대한 판단의 기준을 정립하고 전문적인 분석을 통해 투자 적합 여부를 판단할 수 있으리라 생각된다.

고시원 창업은 그동안 미지의 영역이었다. 이 실전 가이드북은 미지의 길을 밝혀주는 든든한 횃불이 되어 실패하지 않는 창업의 길라잡이 역할을 해줄 것이다.

고시원 창업과 운영, 세금 분야 등 총 망라

《고시원 창업비법》을 2020년 4월 출판하고 5월부터 고시원 창업 컨설팅을 진행하고 있다. 컨설팅 시작 후 불과 세 달이 지났는데, '오픈하우스' 상표를 사용하는 고시원이 10개를 넘어서는 중이다.

고시원 창업과 운영에 관해서 빠른 시간에 이렇게 많은 분들이 관심을 보일지는 필자도 전혀 예상하지 못했다. 필자가 운영하는 유튜브 '고시원 TV'나 카페, 블로그 '대한민국 고시원 아카데미'와 개인 메일을 통해 수많은 문의들이 와서 궁금한 점을 해소해 주는 시도가 필요하다고 느꼈다.

《고시원 창업과 운영 가이드북》의 출판 의도 몇 가지를 설명하고자 한다.

첫째, 일반인들이 고시원이 어떻게 생겼는지 궁금한 점을 해소해 주기 위해 고시원 사진을 삽입하였다.

둘째, 독자나 고시원에 관심이 있는 분들이 궁금해 할 내용을 창업, 운영, 세금으로 나누어서 설명하였다.

셋째. 고시원 매물을 보고 결정하기 어려워하는 분들에게 투자 판단 기준을 제시하고자 하였다.

넷째, 실제로 창업을 하고 고시원을 운영하는 초보 원장님들에게 필요한 양식들을 첨부하여 도움을 주고자 하였다.

내용이 부족한 부분이 있더라도 처음 시작하는 분들에게 조금이라도 도움이 되었으면 하는 마음이다. 향후에 내용을 추가해서 개정판을 출판하고자 한다.

《고시원 창업과 운영 가이드북》이 나올 수 있도록 도와준 분들께 지면을 통해 감사를 전한다.

2020년 8월

황재달 · 원영희

차례

1장

고시원 관련
사진 모음

독자들 중에 많은 분들이 고시원 시설물을 처음 접한다. 많이 궁금할 것이다.
원룸형인 개포점 시설물을 중심으로 소개함으로써 이해를 돕고자 한다.

① 고시원 외부 간판
② 고시원 내부 간판

① 고시원 복도
② 도어락

① 고시원 룸
② 고시원 룸

①

②

고시원 소독 방역

① 고시원 CCTV
② 고시원 분리수거

① 고시원 CCTV
② 고시원 분리수거

고시원 상업용 건조기와 세탁기

고시원 주방시설

고시원 화장실

고시원 신발장과 소방시설

① 고시원 간식

② 고시원 음식(장어샐러드)

① 고시원 음식(마파두부 덮밥)
② 고시원 음식(샐러드와 김밥)
③ 고시원 음식(순대볶음)

오픈
하우징

오픈
하우징

오픈
하우징

2장

고시원
창업과 운영 관련
Q&A

유튜브, 카페, 메일 등을 통해 접수된 질문들을 토대로 고시원 창업에 대하여
관심을 가지고 알아보거나 창업 후 운영하면서 발생하는
궁금한 점을 질문하고 대답하는 형식으로 만들었다.
다소 부족한 면이 있을 수 있지만 차후에 계속 보완하고자 한다.

2.1
고시원
창업 관련
Q&A

고시원 매물을 알아보는데 시설권리금이
천차만별이고, 기준도 모르겠고, 법적으
로 어떻게 되어 있는지도 궁금합니다.

Ⓐ 고시원 창업에 있어서 가장 중요한 요소 중의 하나가 시설권리금이라 할 수 있다. 필자도 수없이 많은 매물들을 보고 계약하면서 시설권리금 기준에 대해 고민했다. 그러나 확실한 기준을 설정할 수 없는 것이 시설권리금이다. 그래서 상가임대차보호법 조항을 통해 일부 이해를 돕고자 한다.

1. 권리금의 법적 보호 조항은 관습적으로 인정되어 왔던 권리금이 2015년 5월 13일 '상가건물임대차보호법'에 권리금 관련 5개 조항이 신설되면서 법적인 보호를 받게 되었다. 5개 조항의 제목은 아래와 같다. 필요한 조항들만 선택해서 설명한다.

> 제10조의3(권리금의 정의 등)
> 제10조의4(권리금 회수기회 보호 등)
> 제10조의5(권리금의 적용 제외)
> 제10조의6(표준권리금계약서의 작성 등)
> 제10조의7(권리금 평가기준의 고시)

제10조의3(권리금의 정의 등) 권리금이란?

(1) 권리금이란 임대차 목적물인 상가건물에서 영업을 하는 자 또는 하려는 자는 영업시설, 거래처, 비품, 영업노하우, 상가입지에 따른 영업

상의 이점 등 유·무형의 재산적 가치의 양도나 이용대가로서 임대인, 임차인에게 임대료와 보증금 외에 지급하는 대가를 말한다.

고시원 매매에 적용을 시켜보면 고시원의 매매가격은 임대보증금과 시설권리금 합계로 구성된다. 임대보증금은 임대인과 체결하는 부동산 임대차 계약이다.

(2) 권리금 계약이란 신규임차인이 되려는 자가 임차인에게 권리금을 지급하기로 하는 계약을 말한다. 고시원에서 권리금 계약은 위의 정의와 같이 양수인이 양도인에게 권리금을 지급하기로 하는 계약이다. 여기에서 시설권리금은 ① 고시원의 위치 ② 시설, 비품 등 ③ 입주고객 ④ 운영 방법으로 구성된다. 이 가운데 기본적으로 알아야 하는 것은 양도인과 새롭게 운영할 양수인 서로간의 계약이고, 임대인과는 아무 상관이 없는 계약이다.

2. 권리금의 네 가지 유형

(1) 바닥 권리금은 장소적 이익을 토대로 형성된 것으로 최초의 상가 분양 시 임대인이 임차인으로부터 받는 금액이다. 보증금과 임대료에 반영되는 사항이다. 따라서 고시원을 기존 인수로 창업할 경우에는 임대인과 계약하는 임대차계약서(임대보증금과 월 임대료)에 포함되어

있다.

(2) 영업권리금은 기존 임차인이 운영하는 사업 자체를 인수하고, 단골고객과의 영업비법 등을 전수받아야 인정된다. 고시원의 경우 현재 입주하고 있는 고객을 환산한 금액과 고시원의 운영방법(홈페이지, 블로그 등 포함)을 영업권리금이라 한다.

(3) 시설권리금은 양수인이, 양도인이 투자한 시설, 설비, 비품 등을 인수하는 데 따른 권리금이다. 고시원의 경우는 현재 시설되어 있는 스프링클러 등 소방 관련 설비, 보일러, 에어컨 등 냉·난방 설비, 방, 주방, 세탁기, 인터넷, 전화 등을 인수하고 지불하는 것이 시설권리금이다.

(4) 이익권리금은 허가권 등을 가지고 거래하고 그에 대해 지불하는 대가이다. 예를 들면, 담배나 복권 판매권 등이다. 고시원에는 적용할 사항은 없다고 보면 된다.

제10조의4(권리금 회수기회 보호 등)

(1) 임대인은 임대차기간이 끝나기 6개월 전부터 임대차 종료 시까지 다

음 각 호의 어느 하나에 해당하는 행위를 함으로써 권리금 계약에 따라 임차인이 주선한 신규임차인이 되려는 자로부터 권리금을 지급받는 것을 방해하여서는 아니 된다.

(2) 임대인이 제1항을 위반하여 임차인에게 손해를 발생하게 한 때에는 그 손해를 배상할 책임이 있다. 이 경우 그 손해 배상액은 신규임차인이 임차인에게 지급하기로 한 권리금과 임대차 종료 당시의 권리금 중 낮은 금액을 넘지 못한다. 예를 들면 권리금 계약을 하면서 1억 원을 지급받기로 하였으나 임대인이 거절해서 손해 배상을 청구하게 되면 법원을 통해 권리금 감정을 하게 된다. 감정을 해보니 7,000만 원이 나온다면, 1억 원에 계약했지만 임대인이 손해 배상할 금액은 7,000만 원이 되는 것이다.

(3) 임대인에게 손해 배상을 청구할 권리는 임대차가 종료한 날부터 3년 이내에 행사하지 아니하면 시효의 완성으로 소멸한다. 위 조항을 한마디로 요약하면 양도인이 나갈 때 다음 양수인을 구하여 권리금을 받아 나갈 수 있도록 보호하는 조항이다. 만약, 임대인이 특별한 사유 없이 방해하면 손해 배상 책임을 진다.

　　요약정리를 하면 임대인은 임차인의 시설권리금을 받을 수 있는 요건을 갖춘 경우 시설권리금 수령을 방해할 수 없으며, 방해하면 손해 배상 책임을 진다. 그러나 임차인이 시설권리금을 수령할 수 있는 요건들을 갖추지 못하면 시설권리금을 요구할 수 없다.

제10조의6(표준권리금 계약서의 작성 등)

국토교통부장관은 임차인과 신규임차인이 되려는 자가 권리금 계약을 체결하기 위한 표준권리금계약서를 정하여 그 사용을 권장할 수 있다. 현)임차인(운영자)과 새로운 임차인(예비창업자)간에 양도양수포괄계약서를 작성하면 된다. 계약서 작성 시 안전시설 등 완비증명서 미 발급 시 계약해지 등 중요한 몇 가지를 특약사항으로 포함한다.

제10조의7(권리금 평가기준의 고시)

국토교통부장관은 권리금에 대한 감정 평가의 절차와 방법 등에 관한 기준을 고시할 수 있다. 우선 권리금을 감정 평가할 때는 '유형', '무형'재산별로 개별 감정 평가를 원칙으로 한다. 권리금을 개별로 감정 평가하는 것이 곤란하거나 적절하지 않다면 일괄 평가할 수 있다. 유형재산의 감정 평가방법은 ① 원가법을 적용한다. ② 원가법 적용이 곤란하거나 부적절한 경우에는 ③ 거래사례비교법으로 평가한다.

무형재산의 평가방법은 ① 수익환원법을 적용한다. 수익환원법을 적용하는 것이 어려운 경우는 ② 거래사례비교법이나 ③ 원가법으로 감정 평가할 수 있다. 다만, 유형·무형재산을 일괄해 평가하는 경우에는 수익환원법을 적용해야만 하는데. 수익환원법 적용이 어렵거나 부적절한 경우에 거래사례비교법으로 평가할 수 있다. 너무 이론적으로 치우칠 수 있고 독자들이 어려움을 느낄 수 있으므로 구체적인 내용 소개는 하지 않겠다. 관심이 있는 분들은 부동산 관련 평가방법을 찾아보면 알 수 있다.

제10조의8(차임연체와 해지)

임차인의 차임연체액이 3기의 차임액에 달하는 때에는 임대인은 계약을 해지할 수 있다. 통상적인 상가일 경우 3기 차임액이 연체되는 경우 계약을 해지하지만, 고시원의 경우 임대인과 임대차계약서를 보면 2기 차임액이 연체되는 경우 계약해지 조항이 있으므로 특별히 유의할 조항이다.

많은 질문이 있었던 권리금의 기본적인 개념과 상가건물 임대차보호법을 기준으로 고시원에 적용시켜 보았다. 현실에서는 고시원의 위치, 신축년도, 고시원의 시설 상태, 입주가격, 공실비율, 직장인, 학생 등 여러 요소가 존재하므로 확실한 기준을 정하기는 어려움이 있다. 필자만의 나름

대로의 기준을 가지고 있으나 검증되지 않아 여기에서 표현하는 것은 바람직하지 않다고 생각되어 생략한다.

시설권리금에 대한 기준이 있나요?

Ⓐ 시설권리금은 현재 설치된 시설과 입주하고 있는 사람 영업권의 합이라고 볼 수 있다. 이론적으로는 감가상각이 되기 때문에 시설권리금이 하락하는 것이 당연하지만 실제적으로는 꼭 그렇지는 않다. 최근에 본 매물을 예로 들어보면, 성수역에 5년 전에 2억 원의 권리금을 주고 인수한 올 원룸형 38개 고시원이 5년이 지난 현재 1억 5,000만 원으로, 가격 협상 시 한 푼도 가격 인하를 해주지 않는다고 한다. 왜냐하면 매달 많은 수익이 발생하기 때문이다. 이론적으로는 가격이 많이 하락해야 할 것이다. 서초에 있는 혼합형 고시원의 경우 5년 전에 1억 5,000만 원의 권리금을 주고 인수했다. 그렇지만 공실 증가로 인해 9,000만 원의 권리금에도 매매가 일어나지 않고 있다. 따라서 권리금이라는 것이 이론적으로는 감가상각이 되지만 운영능력과 수익에 따라서 권리금은 변동된다고 볼 수 있다.

**코로나19 사태에 따른 고시원의 영향은
없나요?**

Ⓐ 당연히 영향이 있다. 일단, 학원가와 대학가 부근에는 큰 영향을 미치고 있다. 물론, 고시원별로 편차가 있기 때문에 조심스럽지만 대학과 학원의 개강이 연기되면서 공실비율이 많이 증가했다. 따라서 고시원 급매물들이 지속적으로 출회(出廻)되고 있다. 양도인과 양수인의 공실비율에 대한 가격의 견해차가 존재해서 적정한 가격이 형성되고 있지 않다. 직장인들이 많이 거주하는 곳도 일정부분 입주요금 하락과 공실비율이 다소 증가했다. 그렇지만 영향력은 크지 않다. 코로나19의 진행상황에 따라서 영향의 폭이 클 수도 있고 줄어들 수도 있기 때문에 개인의 판단을 요구하는 시점이다. 빛과 그림자처럼 한편으로는 매출액과 수익이 감소하고 있지만, 한편으로는 좋은 매물들이 급매물로 나오고 있다. 위기이자 기회이다. 1997년 IMF나 2008년 리먼 브라더스 사태를 생각하면 필자는 현재가 엄청난 기회라고 생각한다.

고시원, 좋은 위치가 있나요?

Ⓐ 위치가 좋은 고시원은 당연히 존재한다. 많은 투자금액과 높은 권리금, 임대료를 부담할 수 있으면 역세권 가까운 위치에 고시원을 창업하면 된다. 실제는 경쟁도 치열하고 수익은 떨어진다. 보통의 투자가들은 정해진 투자금액으로 높은 수익률을 기대한다는 조건으로 접근한다고 보면 위치가 좋은 고시원은 꼭 존재하지 않는다. 많은 투자 대상 부동산들이 입지가 가장 중요한 가격 요소라고 한다. 고시원은 꼭 그렇지는 않다. 강남, 분당에 있는 고시원의 경우 월 임대료와 관리비가 높아서 투자금액 대비 실질적으로 수익률이 저조한 경우가 많다. 물론, 입주가격은 타 지역에 비해서 조금 높다. 여타 지역은 월 임대료가 낮기 때문에 실질적인 투자금액 대비 수익률은 강남과 분당권보다 높은 경우가 많다. 우리가 관심이 있는 것은 실질적인 수익이기 때문에 위치가 좋은 곳이 있다고 단정할 수 없다. 가장 중요한 것은 잘 운영하는 것이다.

 5천만 원으로 고시원 창업이 가능한가
요?

Ⓐ 보증금과 권리금을 합쳐 5천만 원으로 창업을 할 수 있다. 계약에 앞서 투자금액과 투입 노동 시간, 투자수익, 입주자 상대로 적성이 맞을지 등을 먼저 검토를 해야 한다. 그리고 창업을 했을 때 현재 시설을 가지고 그대로 운영할지도 결정해야 한다. 권리금이 거의 0에 가깝다고 하면 필수적으로 추가적인 수리비용이 필요할 것이다. 또한 시설상태가 좋지 않다는 것은 노동시간이 많이 투입되어야 하고, 노후화된 시설은 화재 위험이 높기 때문에 정신적인 스트레스 증가를 동반할 수 있다는 점을 감안해서 창업을 검토하길 바란다.

고시원 임대차계약서로 대출이 가능합니까?

Ⓐ 고시원 창업에 관련해 많은 분들이 대출 문의를 한다. 우리나라 대출제도를 보면 담보 아니면 개인 신용으로 대출이 가능하다. 풀어 설명하면, 대출을 받기 위해서 담보물건을 제공하거나 개인의 대출이 가능한 신용등급이 되어야 하고, 대출한도가 있어야 가능하다. 고시원을 상가매매나 건물매매로 인수하는 경우에는 다른 부동산처럼 담보 제공이 가능하므로 일정비율의 대출을 받을 수 있다. 그러나 고시원 임대차계약서는 담보에 해당하지 않기 때문에 현실적으로 대출이 어렵다. 신용대출도 개인의 신용등급과 대출한도에 따라서 달라지므로 창업을 추진하기 전에 조달 금액을 먼저 알아보는 것이 필요하다. 물론, 계약금은 투자금액의 10%만 지불하고 통상 잔금지급까지 한 달 정도의 시간이 존재하므로 그 사이에 자금을 준비하면 된다.

 고시원 위탁을 맡기고 싶은데 어떻게 진
행되나요?

🅐 위탁을 맡기는 것은 투자를 하고, 경영은 타인에 위임한다는 것이 일반적인 개념이다. 먼저 위탁을 해줄 회사를 찾아 계약조건을 확인한 후 위탁을 맡기고, 진행사항을 보고받으면 된다. '오픈하우스'는 현 원장들이 위탁경영을 맡아서 운영하는 것을 기본원칙으로 하고 있다. 그렇지만 고시원 상황에 따라 유연하게 운영을 도와주고 있다. 향후에는 위탁만을 전문으로 맡아서 운영해 줄 분들을 모시고자 한다. 위탁자와 수탁자간의 계약서 체결을 하고 진행을 하면 된다. 차후에 직접 운영을 원하면 언제든지 위탁계약을 해지할 수 있다. 위탁에 관한 업무지시나 일간, 주간, 월간 보고는 밴드를 통해서 진행한다.

대학교 근처 미니룸 관리가 안 돼서 저렴
하게 나온 매물을 살리는 방안도 괜찮은
가요?

Ⓐ 항상 가능성은 열려있다. 다른 곳도 비슷하지만 최근 대학가의 추세는 가격을 추가로 좀 더 지불하더라도 원룸형의 선호로 미니룸은 수익률이 하락 중이다. 그래서 매물이 싼 가격에 나오는 이유이다. 같은 가격을 지불해서 인수한다면 원룸형이 많은 곳을 인수하는 것이 운영 시 편리하다. 관리상 편의성과 함께 수익성도 높고, 향후 매각 시에도 시설권리금 회수에 유리할 것으로 판단된다. 특히 대학가 미니룸이 많은 고시원 인수는 개인적으로 조심스럽다.

 고시원에 입주하시는 분들을 선별해서 받
아야 하는지요?

Ⓐ 입주하는 분들을 공식적으로 선별해서 받을 수는 없다. 고시원 운영이 잘 되고 수익이 잘 나는 고시원들의 공통된 특징들은 입주 상담을 할 때 원장 자신이 가진 기준과 맞지 않다고 생각하는 입주 예정자와 계약하지 않는다. 필자가 컨설팅하는 창업자분들은 기본적으로 관리상 어려움에 직면할 수 있는 '전통형 고시원'은 추천을 하지 않는다. 추천하는 고시원은 직장인들과 학생들이 대부분이므로 특별히 관리에 어려움이 없다. 고시원은 기본적으로 입주요금이 선불이고. 연체하는 사람이 있으면, 문자 안내 후 정해진 날짜까지 납입하지 않으면 퇴실 처리한다.

 신축이나 인수 고시원에는 기본적으로 방이 많기 때문에 그만큼 자잘한 공사(?)가 항상 끊이지 않는다고 하는데요?

Ⓐ 기본적으로 신축은 고장 등이 현저히 적다. 아파트도 그렇지만 신축 후 일정기간이 지나면 조금씩 수리가 발생하는데, 이는 당연하다. 인수인 경우에는 계약 전에 수리할 부분들을 미리 체크하고 가격 협상에 반영한다. 인수 후 기본적인 수리를 마친 경우에는 고장이 많이 발생하지 않는다. 고장이 발생하더라도 크게 어려운 것들은 없다. 고시원과 관련해서 도움 받을 업체들도 있어 크게 걱정할 부분은 아니다.

 고시원을 창업하면서 실패하는 경우의 실
례를 들어주세요.

Ⓐ 고시원 창업으로 실패하는 경우는 많지 않다. 급격하게 입주비율이 하락하는 경우 단기적으로 적자가 발생할 수 있다. 가장 피해야 할 것은 높은 월 임대료, 관리비와 상대적으로 비싼 변동비용이다. 너무 많은 시설권리금을 주고 인수하는 것도 매각 시에 부담으로 작용한다. 시설권리금을 인수 때보다 많이 싼 가격에 매각을 하게 된다면 손실이 발생할 수 있다. 그리고 고시원 운영을 장기간 등한시하면 창업에 실패할 수 있다. 흔하지 않은 경우이지만 다른 업종도 마찬가지로 고시원이 자신의 적성과 맞지 않는 사람들도 매각하고 떠나기 때문에 창업에 실패하는 경우라고 볼 수 있다.

 임대차 기간은 승계하는 것이 좋은가요?
갱신하는 것이 좋은가요?

Ⓐ 둘 다 뭐가 특히 좋다고 말할 수는 없다. 실무에서는 그때 임대인과 임차인의 상황에 따라서 유연하게 처리한다. 기본적으로 2019년부터 상가임대차보호법에 적용을 받아 10년까지 임대차기간을 갱신할 수 있기에 상황에 맞추어 계약하면 된다. 그리고 고시원 건물들은 많은 경우가 고층에 위치해서 임차인을 구하기가 힘든 경우가 다수이므로 임대인도 안정적인 월세를 포기하기가 어려운 게 현실이다. 서로가 협의를 해서 계약을 진행하면 된다.

 고시원 창업 시 업종은 무엇으로 등록해
야 하나요?

A 사업자등록증 신청 시 사업의 종류는 업태(숙박 및 음식업종)와 종목 (기숙사 및 고시원 운영업)으로 맞추어 사업자 등록을 하면 된다. 세무서에 방문하면 상세하게 안내받을 수 있다.

고시원을 신축하거나 구조개선할 때 평당
인테리어비용은 얼마 정도인가요?

Ⓐ 평당 인테리어비용은 기본적으로 단층일 때와 평수가 큰 경우가 평당 단가가 저렴하고 층수가 많고 적은 평수일 경우가 평당 단가가 올라간다. 아주 저렴하게 하면 평당 200만 원이면 가능하나, 내구성이 떨어진다. 보통은 평당 약 230~250만 원이고, 고급형은 270만 원 이상이다. 철거비용은 보통 2,000만 원 정도 추가비용이 발생한다. 공사하는 사업자에 따라 가격과 시공능력이 천차만별이므로 잘 알고보고 시공해야 한다.

구조개선 후 운영하다 몇 년 후에 매각할
때 인테리어비용 회수는 가능한가요?

Ⓐ 고시원 운영 능력에 따라 상이할 수 있다. 최근 계약한 성수점의 경우 8년을 운영해서 그동안 수익을 창출했는데도 권리금을 꽤 많이 받고 매각했다. 그렇지만 건물주가 신축 후 3년 경과 후 수익이 적게 나서 매각을 했는데 건축비용보다 많이 저렴한 가격에 매각을 했다. 투자 여력이 되면 오래되고 월 임대료가 저렴한 곳을 구조개선할 것을 추천한다. 신축하는 경우에는 허가 기준으로 꾸밀 수 있는 방 개수가 구조개선보다 적기 때문에 보다 투자금액 대비 수익성이 현저히 떨어진다. 단지, 구조개선의 경우 철거비용이 추가로 발생한다.

2.2
고시원
운영 관련
Q&A

엘리베이터 유무가 고시원 운영에 어떤
영향을 미치나요?

Ⓐ 입주자들이 짐을 옮길 때 엘리베이터가 있으면 편리하기 때문에 도움이 된다. 특히 더운 여름에는 엘리베이터가 있으면 운영이나 입주하는 데 도움이 된다. 그렇지만 엘리베이터가 있는 건물은 최소 4층 이상이기 때문에 추가적인 관리비가 발생할 수 있다. 이 부분을 추가적으로 확인하기 바란다.

단기간 고시원에 입주할 경우 주소 이전
이 가능한지요?

Ⓐ 2007년 대법원 판례로 단기간도 주소 이전이 가능하다. 주소 이전 신청 시 준비서류는 신분증, 고시원 입주를 증명하는 자료(입주 영수증 등) 등이다. 다만, 퇴실할 경우 새로운 입주자를 위해 주소 이전을 해야 한다. 행복복지센터 방문 전에 정확히 문의하면 된다.

여성전용과 남성전용 또는 남녀혼용 가운
데 어떤 것이 좋은가요?

Ⓐ 필자도 처음에는 '전용이 좋지 않을까?' 하고 고민을 했다. 현재도 여성·남성전용으로 운영되고 있는 곳도 존재한다. 층별로 남성, 여성으로 구별해서 운영하는 고시원도 있다. 그렇지만 지금은 남성·여성전용이나 혼용이 크게 상관없다고 생각한다. 특히 원룸형 고시원은 각 방이 분리되어 있기 때문에 크게 영향이 없다. 실제적으로 서로가 마주치는 경우가 적어 크게 상관이 없다.

수익이 많다고 하는데 왜 고시원을 매각
할까요?

Ⓐ 많은 분들이 궁금해 한다. 수익이 안 나기 때문에 많은 매물들이 나오는 것이 현실이다. 수익이 나는데도 매각하는 데는 이유가 있다. 백 명이면 백 명의 사연이 있을 것이다. 최근에 인수한 고시원 위주로 설명을 하겠다. 첫 번째는 둘이서 동업을 하였는데 한 분은 외국으로 떠나게 되고, 한 분은 제주도로 가게 되어 수익이 발생하지만 매물이 나온 상태였다. 두 번째는 타 지역에 상가를 분양받아 대금지급이 필요한데 금액이 부족해서 고시원을 매각하는 경우다. 세 번째는 돈을 번다고 부부가 즐거운 여행을 다니지 못했고, 이번에 은퇴연금이 나오기 때문에 좋은 가격에 매각하고 부부가 노후 생활을 즐기고자 매물을 내놓았다. 그리고 남편이 몸이 안 좋아서 본인이 간호를 한다고 매물을 내 놓은 경우도 있다. 위탁경영이나 총무를 통해 수익 창출이 가능할 텐데 정확한 이유를 알 수는 없다. 그리고 인수한지 얼마 지나지 않았는데 적성에 맞지 않아서 매각한다는 분도 있다.

 고시원을 운영하다보면 사정에 의해 또는 변심, 시설 환경에 대한 불만 등으로 환불을 요구하는 입주자들이 있습니다. 이럴 때 발생하는 당연한 환불 규정이 궁금합니다.

Ⓐ 입주원서에 '환불 불가'라는 문구가 있음에도 2015년 5월 3일 제정된 한국소비자호원 환불 규정에 따라 당연히 해줘야 한다. 다만, 살았던 기간에 따라서 환불 가능한 금액이 달라진다.

1) 사업주의 귀책사유로 고시원 이용 계약을 해지할 경우, 관련 환불 규정은 이용일 기준으로 다음과 같다.

① 개시일 이전 : 사업자는 총 이용요금의 10%를 가산한 금액을 소비자에게 환급한다. 예를 들어 40만 원의 입주요금을 받았다면 10%인 4만 원을 가산한 금액인 44만 원을 환급받을 수 있다.

② 개시일 이후 : 사업자는 총 이용금액에서 계약 해지일까지 1할 계산한 이용료를 공제한 금액에 총 이용요금의 10%를 가산하여 소비자에게 환급한다. 예를 들어 입주자가 40만 원에 계약을 하고 3일을 살았다면 400,000원 ÷ 30일 = 13,333원(1할 계산 금액) 3일을 1할 계산한 이용료(13,333 × 3 = 약 4만 원) 400,000 − 40,000 = 360,000원(3일간 일할 계산금액을 공제한 금액) 총 이용요금 40만 원의 10% = 4만 원, 즉 360,000 + 40,000 = 400,000원, 다시 말하여 40만 원을 환불받을 수 있다.

2) 소비자의 귀책사유(입주자의 단순 변심이나, 사정 기타 이유)로 고시원 이용 계약을 해지할 경우, 관련 환불 규정은 이용일 기준으로 다음과

같다.

① 개시일 이전 : 사업자는 총 이용요금의 10%를 공제한 금액을 소비자에게 환급한다. 예를 들어 입주자가 아직 입주하지 않고, 40만 원의 입주요금을 입금한 상태이다. 이런 경우는 40만 원의 10%인 4만 원을 공제하고 36만 원을 환급해 줘야 한다.

② 개시일 이후 : 사업자는 총 이용금액에서 계약 해지일까지 1할 계산한 이용료와 잔여 이용금액의 10%를 공제한 나머지 금액을 소비자에게 환급한다. 예를 들어 입주자가 입주하고 3일을 살고 환불을 요구한다면. 400,000원 ÷ 30일 = 13,333원(1할 계산 금액)의 1할을 계산한 이용요금 = 13,333 × 3일(약 4만 원의 이용금액) 잔여 이용금액의 10%(40만 원 - 4만 원 = 36만 원의 10%. 3만 6천원) 40,000원 + 36,000원 = 76,000원, 즉 7만 6천원을 공제한 금액인 324,000원을 환급하면 된다. 여기서 총 이용요금이란 이용자가 사업자에게 계약 시 정한 실거래금액을 말하며, 계약금·부대시설 이용료 등의 금액을 모두 포함한 요금을 말한다. 다만, 보증금은 포함되지 않는다. 나중에 잔여금 환급과 관련한 분쟁의 발생 가능성이 있으므로 월 단위로 계약을 체결하는 것이 좋으며, 계약서를 작성한 후에는 계약서 사본 및 영수증을 수령하여 잘 보관해야 한다.

 입주자를 받을 때 신분 확인은 어떻게 해
야 좋은가요? 서로를 위해 확인은 필수인
것 같은데요.

Ⓐ 어떤 고시원은 신분증을 확인하는 곳도 있고, 어떤 고시원은 확인을 하지 않는 곳도 있다. 개인적으로는 입주계약서를 작성할 때 신분증을 확인하고 복사할 수 있으면 복사하고, 아니면 주민번호 등의 정보를 입주신청서에 입주자가 기록해서 남기면 좋겠다. 복사한 신분증은 퇴실할 때 반환하면 된다. 다른 목적으로 사용하지 않겠다는 내용도 입주자에게 확인해 줘야 한다. 고시원별로 운영방침이 다르므로 선택사항이다.

2.3
고시원
세금 관련
Q&A

고시원 창업 시 세금은 어떻게 됩니까?

Ⓐ 고시원도 다른 업종과 세금구조가 똑같다. 고시원 개인사업자는 사업소득으로 분류된다. 개인은 근로소득, 사업소득, 임대소득, 금융소득 등과 합쳐서 개인별 세금요율이 결정된다. 법인으로 창업하면 설립비용이나 기장비용 등 추가 비용이 발생하지만, 최고 세율이 확정되어 있고, 비용처리와 사업 확장, 대출 등의 장점을 가지고 있다. 개인별로 상황이 다양하기 때문에 세무전문가에 정확하게 확인 후 창업하길 바란다.

고시원 창업 시 개인사업자와 법인사업자
등록의 강·약점에 대해서 설명바랍니다.

Ⓐ 개인사업자와 법인사업자로 창업할 때 각각의 강 · 약점이 존재한다. 한결세무법인의 도움을 받아 아래와 같이 간단히 정리한다.

	법인사업자	개인사업자
강점	1. 적용세율이 낮은 편 2. 회계계정과목 활용이 높다. 3. 건강보험, 연금보험 비용 절감 4. 기업 실적에 따른 대출 가능	1. 수익금 사용에 대해 제한이 없다. 2. 유지관리가 법인에 비해 쉽다. 3. 회계, 세무 처리가 간단하다.
약점	1. 수익금 사용에 대해 증빙 필요 2. 유지관리 비용 발생(변경등기비용 등)	1. 법인사업자에 비해 세율이 높다. 2. 건강보험, 연금보험 비용 증가

결론적으로 연 매출이 높지 않으면 개인사업자로 창업하는 게 유리하다.

개인사업자와 법인사업자의 세율에 대해
서도 답변 부탁드립니다.

(A) 개인사업자와 법인사업자의 세율의 구조는 아래와 같다.

과세표준 및 세율

법인사업자			개인사업자		
과세표준	세율	누진공제액	과세표준	세율	누진공제액
2억 원 이하	10%	0원	1,200만 원 이하	6%	0원
2억 원 초과 ~ 200억 원 이하	20%	2,000만 원	1,200만 원 초과 ~ 4,600만 원 이하	15%	108만 원
200억 원 초과 ~ 3,000억 이하	22%	4억 2,000만 원	4,600만 원 초과 ~ 8,800만 원 이하	24%	525만 원
3,000억 원 이하	25%	94억 2,000만 원	8,800만 원 초과 ~ 1억 5,000만 원 이하	35%	1,490만 원
			1억 5,000만 원 초과 ~ 3억 원 이하	38%	1,940만 원
			3억 원 초과 ~ 5억 원 이하	40%	2,540만 원
			5억 원 초과	42%	3,540만 원

* 납부할 세액 = 과세표준금액
* 해당세율 - 누진공제액

연말 정산할 때 고시원 소득공제를 받을
수 있는지요? 있으면 소득공제 받을 때 필
요한 절차와 서류에 대해 안내 바랍니다.

Ⓐ 월세 개념으로 보아 연말정산 소득공제를 받을 수 있다. 고시원으로부터 현금영수증만 발급받으면 된다.

고시원을 운영하면 월세를 받게 될 텐데,
부가가치세는 어떻게 처리하나요? 방이
30개 정도이고 월 40만 원 정도 생각하면
연간 4,800만 원을 초과하여 일반과세사
업자가 되고 부가세 10%를 내게 되면 월
세 수입의 10%가 없어지는 건데, 다들 어
떻게 처리하고 있는지 궁금합니다.

Ⓐ 고시원은 과세사업자로 부가가치세를 납부해야 하는데 매출액의 10%가 부가세이다. 월세는 부가세를 포함하여 받고 있으므로 40만 원 매출액 363,637원, 부가세 36,363원이다. 받은 부가세는 1월 25일, 7월 25일 6개월분을 세무서에 신고하고 납부하면 된다. 결국 입주요금 40만 원을 받지만, 부가세를 제외하면 363,637원을 받는 결과가 되는 것이다.

2020년부터 입주자들에게 입주요금 현금영수증 발급이 의무화되는 것으로 알고 있는데 답변 부탁합니다.

Ⓐ 고시원과 독서실, 미용실 등이 2020년부터 현금영수증 의무발행 대상 업종으로 된 게 맞다. 다만, 시행 시기는 1년간 유예기간을 두어 2021년부터이다.

고시원을 운영할 때 세금과 관련해서 주
의해야 할 사항에 대해 조언 부탁합니다.

ⓐ 현금영수증 발행에 신경 써야 한다. 5일 이내에 미 발급하면 미 발급금액의 20%에 해당하는 가산세가 부과된다. 가산세뿐 아니라 매출 누락으로 더 큰 세금을 맞을 수 있다. 이 외에는 부가세 신고와 종합소득세 신고를 정해진 날짜에 하면 된다.

3장

고시원 매물 체크 및 투자 평가 리포트

3.1
고시원
매물 체크
리스트

고시원명				
주소				
방 개수	합계	원룸	샤워실	미니룸
고시원 위치	상	중	하	
시설권리금	상	중	하	
월 임대료				
방 가격				
공실비율				
관리비				
임대보증금				
고시원시설				
비상계단				
냉·난방 형태				

* 개인별로 수정해서 사용하면 됨.

3.2
고시원
시설물
체크
리스트

고시원명				
주소				
구분	설치년도	상	중	하
1. 스프링클러				
2. 보일러				
3. 냉방				
4. 난방				
5. 인터넷				
6. CCTV				
7. 세탁기				
8. 건조기				
9. 냉장고				
10. 밥솥				
11. 화장실 등				
12. 침구류				
13. 간판				
14. 기타				

3.3
고시원
투자 평가
리포트

가장 많은 의뢰인들이 어려워하는 부분이 고시원 매물을 보고 시설권리금 계약을 해야 하는지? 하지 않아야 하는지? 결정하는 것이다. 이 질문은 누구나 어려운 결정이다. 필자가 고시원 매물 결정을 하면서 오픈하우스가 자체 개발한 투자 평가 리포트를 제공함으로써 예비창업자들의 고민에 일정부문 해결책을 제공하고자 한다.

○○하우스 ○○점 투자 평가(안)

개인적인 의견이므로 최종적인 책임은 투자가에게 있다.

• 투자의견 : 인수

현재 시설권리금을 양도인이 1억 3,000만 원을 요구하나, 협상을 통해 1억 2,000만 원으로 인하가 가능할 것으로 예상되어 1억 2,000만 원 기준으로 작성을 함. 고시원 위치 중, 고시원시설 중상, 시설권리금 중상, 고정비용 중, 변동비용 중, 임대보증금 중, 수익성 상 등의 종합의견을 감안할 때 인수 의견. 현재 입주비율 73%로 시설권리금 회수기간이 3.2년으로 예상됨. 코로나19로 인한 일시적인 공실비율 증가로 시설권리금이 저렴하게 매물로 나온 상태임. 85% 중립 기준으로 볼 때 시설권리금 회수기간이 2.1년으로 좋은 매물로 평가됨. 방당 평균가격을 소폭으로 올릴 경우 500만 원 중반의 높은 세전 이익이 기대되므로 인수 의견.

• 투자금액 합계 1억 9,000만 원 : 보증금 7,000만 원, 권리금 1억 2,000만 원

• 고정비용 572만 원 : 월 임대료 561만 원, 관리비 11만 원(부가세 포함)

• 올 원룸 44개, 현재 공실 12개

구분	중립(85%)	중립(95%)	최악(70%)	현재(73%)
1. 투자액	190,000,000	190,000,000	190,000,000	190,000,000
보증금	70,000,000	70,000,000	70,000,000	70,000,000
권리금	120,000,000	120,000,000	120,000,000	120,000,000
2. 실제 총 소득	12,716,000	14,535,000	10,472,000	10,875,920
입주요금	12,716,000	14,535,000	10,472,000	10,875,920
3. 운용비용	7,700,000	7,898,000	7,502,000	7,502,000
고정비용	5,720,000	5,720,000	5,720,000	5,720,000
변동비용	1,980,000	2,178,000	1,782,000	1,782,000
4. 순 운용소득	5,016,000	6,637,000	2,970,000	3,373,920
금융비용	253,333	253,333	253,333	253,333
5. 월 세전이익	4,762,667	6,383,667	2,716,667	3,120,587
6. 연간 세전이익	57,152,000	76,604,000	32,600,000	37,447,040
7. 총 투자금액	190,000,000	190,000,000	190,000,000	190,000,000
1) 연간 투자수익률	30.08%	40.32%	17.16%	19.71%
2) 투자 회수기간	2.5	2.5	3.4	4.9
8. 시설권리금	120,000,000	120,000,000	120,000,000	120,000,000
1) 연간 투자수익률	47.63%	63.84%	27.17%	31.21%
2) 투자 회수기간	2.1	1.6	3.7	3.2

• 고시원 위치 : 중

ㅇ호선 ㅇㅇ역에서 마을버스로 두 정거장으로 역과는 거리가 있으나 버스정류장에서는 하차 후 30초에 거리에 있어 고시원 위치는 좋은 편임. 주변에 ㅇㅇ대학교를 비롯해 직장 고시원 입주 수요가 많음. 코로나19로 인해 일정부분 공실이 존재함.

• 시설권리금 : 상

단독건물에 2개 층으로 구성되어 있고, 넓은 옥상도 사용할 수 있는 공간이 장점임. 다소 아쉬운 점은 공동냉방이라는 점이 있음. 양도인이 계속 운영할 것을 전제로 보일러 교체, 스프링클러 등 고시원 시설투자를 한 상태임. 코로나19 전에는 최소 1억 7,000만 원 시설권리금으로 거래되었던 물건임. 85%대 입주비율을 기록하면 시설권리금은 약 2년 이내에 회수가 가능하므로 좋은 물건으로 평가됨.

• 고정비용 : 중

월 임대료 510만 원(부가세 포함)과 관리비 11만 원(부가세 포함)을 합쳐 572만 원(부가세 포함)으로 방 개수 44개 올 원룸형을 감안하면 평균적인 고정비 수치로 평가됨. 월 임대료는 1년 후 5% 인상을 전제로 계약을 함.

• 변동비용 : 중

2개 층으로 구성되어 있어 변동비용은 중립 기준으로 일정액의 광고비와 수리비를 포함하여 약 200만 원으로 계산함. 고시원의 크기와 방 개수를 감안하면 적정한 수준임.

• 임대보증금 : 중

투자금액 합계 1억 9,000만 원 금액 중 임대보증금 7,000만 원이 차지하는 비중이 상대적으로 높지 않아 큰 문제가 없어 보임.

• 수익성 : 상

현재 73% 입주 기준으로 볼 때 월 약 310만 원, 연 3,744만 원으로 총 투자금액 대비 19.7%, 시설권리금 기준으로 31.2%로 크게 높지 않은 수치를 기록 중임.

중립 85% 기준으로 평균 입주금액 34만 원 기준으로 매출액이 약 1,276만 원에서 고정비용 572만 원과 변동비용 198만 원을 차감하면 세전 기준 약 월 501만 원의 투자수익이 예상됨. 연간 세전 수익은 금융비용을 차감하고 약 5,715만 원으로 총 투자금액 대비 30.1%로 시설권리금 대비 47.6%로 높은 수익률이 기대됨.

투자 회수기간은 총 투자금액은 2.5년, 시설권리금 기준으로는 2.1년이 소요되어 빠른 투자금액 회수가 가능할 것으로 예상됨.

• 매도 시 : 상

시설권리금이 인수 시 1억 2,000만 원으로 향후 운영하다 매도할 때 크게 감가상각 없이 매도할 수 있을 것으로 보여 매각에는 크게 어려움이 없을 것으로 평가됨.

• **현재 입주비율 73% 기준으로**

: 월 약 300만 원으로 투자금액 대비 연 19.7%이며, 권리금 기준으로 연 31.2%의 보통 수준으로 수익률을 기록하고 있음.

: 85% 중립 기준으로 입주비율이 높아지고, 방 평균 가격이 36만 원으로 2만 원만 상승하더라도 월 400만 원 중후반의 세전 수익을 기록할 것으로 예상되어 좋은 물건으로 평가되므로 인수를 추천함.

○○원룸텔 ○○점 투자 평가(안)

개인적인 의견이므로 최종적인 책임은 투자가에게 있다.

• **투자의견 : 거절**

현재 시설권리금을 양도인이 1억 3,000만 원을 요구하나, 협상을 통해 1억 2,000만 원으로 인하가 가능할 것으로 예상되어 1억 2,000만 원 기준으로 작성함. 고시원 위치 상, 고시원시설 중상, 시설권리금 중하, 고정비용 중하, 변동비용 중, 임대보증금 중, 수익성 중하 등 종합 의견을 감안할 때 매수 거절 의견. 중립(85%)을 가정할 때 총 투자금액 대비 연간 투자수익률이 19.4%로 수익성이 다소 떨어져서 회수기간 5.2년, 시설권리금 회수기간 3.3년으로 다소 부담이 되어 투자 거절 의견.

- 투자금액 합계 1억 9,000만 원 : 보증금 7,000만 원, 권리금 1억 2,000만 원

- 고정비 572만 원 : 월 임대료 473만 원, 관리비 99만 원(부가세 포함)

- 올 원룸형 33개, 현재 공실 3개

구분	중립(85%)	최상(95%)	최악(70%)	현재(90%)
1. 투자액	190,000,000	190,000,000	190,000,000	190,000,000
보증금	70,000,000	70,000,000	70,000,000	70,000,000
권리금	120,000,000	120,000,000	120,000,000	120,000,000
2. 실제 총 소득	10,659,000	11,913,000	8,778,000	11,286,000
입주요금	10,659,000	11,913,000	8,778,000	11,286,000
3. 운용비용	7,340,000	7,502,000	7,178,000	7,421,000
고정비용	5,720,000	5,720,000	5,720,000	5,720,000
변동비용	1,620,000	1,782,000	1,458,000	1,701,000
4. 순 운용소득	3,319,000	4,411,000	1,600,000	3,865,000
금융비용	253,333	253,333	253,333	253,333
5. 월 세전이익	3,065,667	4,157,667	1,346,667	3,611,667
6. 연간 세전이익	36,788,000	49,892,000	16,160,000	43,340,000
7. 총 투자금액	190,000,000	190,000,000	190,000,000	190,000,000
1) 연간 투자수익률	19.4%	26.3%	8.5%	22.8%
2) 투자 회수기간	5.2	3.8	11.8	4.4
8. 시설권리금	120,000,000	120,000,000	120,000,000	120,000,000
1) 연간 투자수익률	30.7%	41.6%	13.5%	36.1%
2) 투자 회수기간	3.3	2.4	7.4	2.8

• 고시원 위치 : 상

○호선 ○○역에서 1분 거리에 있어서 고시원의 위치는 최상으로 평가됨. 단지, 고시원의 시설 상태나 관리가 되지 않아 지저분하고 방 크기가 작음.

• 시설권리금 : 상

고시원 위치가 좋아서 시설권리금 1억 2,000만 원을 제시하였으나, 방 개수가 33개로 적고, 관리상태가 좋지 않음. 방 가격도 강남권에서 평균 38만 원으로 높지가 않아서 시설권리금에 다소 아쉬움이 존재함. 현재 90% 입실 기준으로는 2.8년이 회수기간이나 85% 중립 기준으로 3.3년이며, 관리비 상승 압박이 있어 시설권리금 투자 회수기간은 늘어날 것으로 예상됨.

• 고정비용 : 중하

월 임대료 473만 원(부가세 포함)과 관리비 99만 원(부가세 포함)을 합쳐 572만 원(부가세 포함)으로 다소 높은 편인데 추가적인 관리비 인상요인이 존재해서 고정비용은 상대적인 부담감이 있고, 인수를 하는 데 가장 큰 걸림돌로 평가됨.

• 변동비용 : 중

1개 층으로 구성되어 있어 변동비용은 160만 원으로 부식비 등을 포함해서 계산하면 적정한 수준임.

• 임대보증금 : 중

투자금액 합계 1억 9,000만 원 금액 중 임대보증금 7,000만 원이 차지하는 비중이 상대적으로 높지 않아 큰 문제가 없어 보임.

• 수익성 : 중하

85% 기준으로 원룸 평균 입주금액 38만 원을 합하면 매출액이 약 1,066만 원에서 고정비용 572만 원과 변동비용 162만 원을 차감하면 세전 기준 약 월 306만 원의 투자수익이 예상됨. 연간 세전 수익은 약 3,678만 원으로 총 투자금액 대비 19.4%로 시설권리금 대비 30.7%로 평균 대비 저조한 수익률이 예상됨.

투자 회수기간은 총 투자금액은 5.2년, 시설권리금 기준으로는 3.3년이 소요되어 회수기간이 다소 긴 편에 속함.

• 매도 시 : 하

시설권리금이 인수 시 1억 2,000만 원으로 향후 운영하다 매도할 때도 현재의 매출, 비용과 수익구조를 유지한다면 추가적인 손실을 감수하고

시설권리금을 매각해야 할 것으로 생각됨.

• 현재 입주비율 90% 기준으로

: 월 약 360만 원으로 투자금액 대비 연 22.8%이며, 권리금 기준으로 연 36.1% 평균적인 수익률이 예상되나 추가적인 공실이 발생하는 경우에는 수익률 하락이 예상되어 매출과 수익의 한계가 존재하므로 추가적인 수익 개선의 여지가 적음.

4장

고시원 창업과
운영 관련 양식들

4.1
등기사항
전부증명서

등기사항 전부증명서는 '인터넷등기소'에 방문해서 열람 / 발급하기로
신청하면 된다.

고시원은 건물에 대해서 발급 또는 열람 받으면 되고

〈표제부〉는 건물의 표시가 나타나고,

〈갑구〉 소유권에 관한 사항이 나오고,

〈을구〉 소유권 이외의 권리 채권, 최고액(대출현황)이 나온다.

대출금액이 너무 많으면 경매로 건물이 넘어갈 수도 있으니 유의 바
란다.

등기사항전부증명서(말소사항 포함)
- 건물 -

고유번호 1150-1996-113198

[건물] 서울특별시

【 표 제 부 】 (건물의 표시)				
표시번호	접 수	소재지번 및 건물번호	건 물 내 역	등기원인 및 기타사항
1 (전 1)	1984년12월4일			
				부동산등기법 제177조의 6 제1항의 규정에 의하여 1999년 06월 08일 전산이기

[건물] 서울특별시

【 갑 구 】 (소유권에 관한 사항)				
순위번호	등 기 목 적	접 수	등 기 원 인	권리자 및 기타사항
1 (전 1)	소유권보존	19 년12월4일 제52998호		소유자 서울 서초구
				부동산등기법 제177조의 6 제1항의 규정에 의하여 1999년 06월 08일 전산이기

【 을 구 】 (소유권 이외의 권리에 관한 사항)				
순위번호	등 기 목 적	접 수	등 기 원 인	권리자 및 기타사항
1 (전 4)	근저당권설정	1993년11월22일 제35644호	1993년11월22일 설정계약	채권최고액 근저당권자 한국주택은행 공동담보
8	근저당권설정	제2569호	설정계약	채권최고액 금 원 채무자 근저당권자 주식회사 은행

4.2
일반건축물대장

일반건축물대장은 '정부24시'를 방문해서 신청하면 된다.

일반건축물을 통해서 건물 용도가 제2근린생활시설(고시원)인지, 위반 건축물이 없는지를 확인하면 된다.

■ 건축물대장의 기재 및 관리 등에 관한 규칙 [별지 제1호서식] <개정 2018. 12. 4.>
문서확인번호 1584-1851-3045-0507

일반건축물대장(갑)

| 위 반 건 축 물 | | (2쪽 중 제1쪽) |

고유번호		정부24접수번호		명칭		호수/가구수/세대수 0호/0가구/0세대
대지위치	서울특별시	지번		도로명주소	서울특별시	

※대지면적 158㎡	연면적 377.88㎡	※지역	※지구	※구역
건축면적 82.56㎡	용적률 산정용 연면적 310.44㎡	주구조 철근콘크리트	주용도 제1, 2종 근린생활시설	층수
※건폐율 52.25%	※용적률	높이 12.3m	지붕 평옥개	부속건축물
※조경면적	※공개 공지·공간 면적	※건축선 후퇴면적 ㎡	※건축선 후퇴거리	m

		건축물 현황			소유자 현황			
구분	층별	구조	용도	면적(㎡)	성명(명칭) 주민(법인)등록번호 (부동산등기용등록번호)	주소	소유권 지분	변동일 변동원인
주1	지1층	철근콘크리트조					/	등기명의인표시 변경
주1	1층	철근콘크리트조						
주1	1층	철근콘크리트조					/	
주1	2층	철근콘크리트조	제2종근린생활시설(다중생활시설)	82.56				등기명의인표시 변경

이 등(초)본은 건축물대장의 원본내용과 틀림없음을 증명합니다.

※ 표시 항목은 총괄표제부가 있는 경우에는 적지 않을 수 있습니다.

■ 건축물대장의 기재 및 관리 등에 관한 규칙 [별지 제2호의3서식] <신설 2017. 1. 20.>
문서확인번호 1584-1851-3045-0507

일반건축물대장(을) 변동사항

(총1쪽 중 제1쪽)

고유번호		정부24접수번호		명칭		호수/가구수/세대수 0호/0가구/0세대
대지위치	서울특별시	지번		도로명주소	서울특별시	

	변동사항		
변동일	변동내용 및 원인	변동일	변동내용 및 원인
		01.09	01.09. 주택과-14381 32㎡, 판넬/판넬 - 이하여백 -	위반건축물 (1층 : 점포, 10.

297mm×210mm[백상지(80g/㎡)]

4.3
시설권리금
양도양수 계약서

시설권리금은 현재 시설, 비품 전체와 입주를 환산한 영업권의 합을 말한다.

특약사항 중 안전시설 등 완비증명서 발급 책임은 양도인에게 있으며, 미발생시 계약이 해제된다는 조항을 유의해야 한다.

부동산 권리(시설) 양도양수 계약서

본 부동산 권리에 대하여 양도인과 양수인은 쌍방은 다음과 같이 합의하고 부동산 권리양도 계약을 체결한다.

1. 부동산의 표시

소 재 지	서울시 강남구		
상 호	00 하우스	면 적	
업 종		허가(신고)번호	

2. 계약 내용

제1조 [목적] 위 부동산에 대하여 권리양도인과 양수인은 합의에 의하여 다음과 같이 권리양수도 계약을 체결한다.

총 권리금	숲구천만 원정	원정(₩90,000,000원)			
계 약 금	숲일천만 원정	원정은 계약 시에 지불하고 영수함.			
중 도 금	숲	원정은 년 월 일에 지불하며,			
	숲	원정은 년 월 일에 지불하며,			
잔 금	숲팔천만 원	원정은 년 월 일에 지불한다.			
시설비품내역	현재 영업 중인 고시원 시설 비품 일체 그대로 인수인계함				

제2조 [영업권리] 양도인은 영업권 행사를 방해하게 하는 제반 사항을 모두 제거하고, 잔금을 수령함과 동시에 양수인이 즉시 영업할 수 있도록 모든 시설 및 권리를 인계하여 주어야 한다.

제3조 [제세공과금] 위 부동산에 관하여 발생한 수익의 귀속과 제세공과금 등의 부담은 위 부동산의 인도일을 기준으로 하여 그 이전까지는 양도인에게 그 이후의 것은 양수인에게 각각 귀속한다. 단, 지방세의 납부의무 및 납부책임은 지방세법의 규정에 따른다.

제4조 [계약의 해제] ① 양수인이 중도금(중도금약정이 없을 때는 잔금)을 지불하기 전까지 양도인은 계약금의 배액을 배상하고, 양수인은 계약금을 포기하고 본 계약을 해제할 수 있다.

제5조 [계약의 무효] 상가, 점포의 매매 또는 임대차 계약이 해제될 경우 본 권리양도 계약은 무효로 한다.

제6조 [의무불이행과 손해배상] ① 양도인 또는 양수인에게 본 계약상의 채무불이행이 있었을 경우에는 그 상대방은 불이행을 한 자에 대하여 서면으로 이행을 촉구하고, 계약을 해제할 수 있다. ② 계약이 해제된 경우 양도인과 양수인은 각 각 상대방에 대하여 손해배상을 청구할 수 있다. 손해배상에 대하여 별도 약정이 없는 한, 제4조이 기준에 의한다.

제7조 [중개수수료] 용역비(중개업자의 보수)는 본 계약체결과 동시에 당사자 쌍방이 각 각 (환산가액의 0.9%) 지불한다. 중개업자의 고의나 과실 없이 본 계약이 무효, 취소 또는 해약되어도 중개수수료는 지급한다.

3. 소유자와의 임대차 계약 내용

소유자 인적사항	성 명	김 0 0	연락처	
	주 소	서울시		
임대차 관계	임차보증금	숲육천만 원(₩60,000,000원)	월차임	숲사백이십만 원(₩420만 원), 부가세 포함
	계약기간	20 년 월 일부터 20 년 월 일까지 (개월)		

특약사항 : 별지첨부

본 계약을 증명하기 위하여 계약당사자가 이의 없음을 확인하고 각자 서명 · 날인한다. 2020 년 월 일

양도인	주 소	서울시 노원구					印
	주민등록번호	500000-1000000	전화	010-0000-0000	성명	임 0 0	
양수인	주 소	서울시					印
	주민등록번호	800000-1000000	전화	010-0000-0000	성명	이 0 0	
중개업자	사무소소재지	서울특별시 강남구					印
	등록번호	9000-1000	사무소명칭		000공인중개사사무소		
	전화번호	010-0000-0000	대표자성명		박 0 0		
	사무소소재지						印
	등록번호		사무소명칭				
	전화번호		대표자성명				

* 특약 사항 *

1. 현 시설 상태의 계약이며, 각종 서류(등기사항 전부증명서, 일반건축 물대장, 토지이용계획원) 확인 후 계약을 체결한다.

2. 시설 · 비품은 포괄 양도 · 양수한다. 인터넷, 유선방송, 정수기 등은 그대로 인수 · 인계 · 승계한다.

3. 안전시설 등 완비증명서의 명의 변경을 위해 소방서 사전 점검을 하 며, 지적사항에 대한 수리비용은 양도인이 책임진다. 명의 변경이 불 가할 경우 조건 없이 해약한다.

4. 각종 공과금과 임차료는 잔금일 전날 기준으로 계산하며, 잔금 전날까 지의 비용은 양도인이 지불한다.

5. 입주요금은, 입주일 기준으로 잔금 전날까지 입주요금은 양도인이 갖 고, 잔금일 기준으로 입주요금과 선불 · 예약금은 양수인이 갖는다.

6. 임대차 계약 작성기준이며, 임차료 인상 시에는 양수인의 결정에 따라 해약할 수 있다.

7. 양도 후 1개월 내 누수 발생 시 수리비용은 양도인이 책임진다.

8. 잔금일은 상호 협의에 의해 조정될 수 있다.

9. 양도인은 빠른 임대차계약서 체결을 위해 협조한다.

10. 기타사항은 민법 및 상가임대차보호법에 따르기로 한다.

2020년   월   일

양도인 :

양수인 :

4.4
부동산(고시원) 임대차계약서

　임대인과 양수인이 보증금에 대해서 체결하는 계약이다. 임대기간을 승계, 새로 작성할 것인가를 결정하고, 차임의 인상 여부를 결정하는 중요한 계약이다. 핵심은, 임대인은 양도·양수인 간의 시설권리금을 인정하지 않는다는 것과 월세가 2개월 이상 연체되면 계약 해지가 가능하다는 점을 명심해야 한다.

부동산임대차계약서

□ 전세　☑ 월세

1. 부동산의 표시
임대인과 임차인 쌍방은 아래 표시 부동산에 관하여 다음 내용과 같이 임대차계약을 체결한다.

소재지	서울시 강남구			
토 지	지 목	대	면 적	m²
건 물	구조 · 용도	철근콘크리트구조	면 적	m²
임대할 부분	본 건물 지상 3, 4층		면 적	m²

2. 계약 내용
제1조 (목적) 위 부동산의 임대차에 한하여 임대인과 임차인은 합의에 의하여 임차보증금 및 차임을 아래와 같이 지불하기로 한다.

보증금	금	육천만 원정(₩60,000,000)
계약금	금	일천만 원정(₩10,000,000)은 계약 시에 지불하고 영수함. 영수자(　　　　㊞)
중도금	금	원정은　　년　　월　　일에 지불하며
잔금	금	오천만 원정(₩50,000,000)은 2020년　　월　　일에 지불한다.
차임	금	사백이십만 원정(₩4,200,000, 부가세 포함) 후불로 매월　　일에 지불한다.

제2조 (존속기간) 임대인은 위 부동산을 임대차 목적대로 사용 · 수익할 수 있는 상태로　　년　　월　　일까지 임차인에게 인도하며, 임대차 기간은 인도일로부터　　년　　월　　일까지로 한다.

제3조 (용도변경 및 전대 등) 임차인은 임대인의 동의 없이 위 부동산의 용도나 구조를 변경하거나 전대 · 임차권 양도 또는 담보제공을 하지 못하며 임대차 목적 이외의 용도로 사용할 수 없다.

제 4조 (계약의 해지) 임차인이 2기 차임을 연체하거나 임차인이 제3조를 위반하였을 때 임대인은 즉시 본 계약을 해지 할 수 있다.

제5조 (계약의 종료) 임대차계약이 종료된 경우에 임차인은 위 부동산을 원상으로 회복하여 임대인에게 반환한다. 이러한 경우 임대인은 보증금을 임차인에게 반환하고, 연체 임대료 또는 손해배상금이 있을 때는 이들을 제하고 그 잔액을 반환한다.

제6조 (계약의 해제) 임차인이 임대인에게 중도금(중도금이 없을 때는 잔금)을 지불하기 전까지, 임대인은 계약금의 배액을 상환하고, 임차인은 계약금을 포기하고 본 계약을 해제할 수 있다.

제7조 (채무불이행과 손해배상) 임대인 또는 임차인이 본 계약상의 내용에 대하여 불이행이 있을 경우 그 상대방은 불이행한 자에 대하여 서면으로 최고하고 계약을 해제 할 수 있다. 그리고 계약 당사자는 계약해제에 따른 손해배상을 각각 상대방에 대하여 청구할 수 있다.

제8조 (중개보수) 개업공인중개사는 임대인과 임차인이 본 계약을 불이행함으로 인한 책임을 지지 않는다. 또한, 중개보수는 본 계약체결과 동시에 계약 당사자 쌍방이 각각 지불하며, 개업공인중개사의 고의나 과실 없이 본 계약이 무효 · 취소 또는 해제되어도 중개보수는 지급한다. 공동중개인 경우에 임대인과 임차인은 자신이 중개 의뢰한 개업공인중개사에게 각각 중개보수를 지급한다.(중개보수는 거래가액의　　　%로 한다.)

제9조 (중개대상물확인설명서 교부 등) 개업공인중개사는 중개대상물 확인 · 설명서를 작성하고 업무보증관계증서(공제증서 등) 사본을 첨부하여 계약체결과 동시에 거래당사자 쌍방에게 교부한다.

특약사항
1. 전기비용, 수도요금 기타 제세공과금 부가가치세는 별도로 한다
2. 일반관리비 포함, 특별사항 없는 경우 2년 후 재 갱신한다.
3. 임대인은 시설권리금은 인정하지 않는다.

본 계약을 증명하기 위하여 계약 당사자가 이의 없음을 확인하고 각각 서명 · 날인 후 임대인, 임차인 및 개업공인중개사는 매장마다 간인하여야 하며, 각각 1통씩 보관한다.　　년　　월　　일

임대인	주 소	서울시 강남구						
	주민등록번호			전 화	010-0000-0000	성 명	임 0 0	㊞
	대 리 인	주소		주민등록번호		성명		
임차인	주 소	서울시						
	주민등록번호			전 화	010-0000-0000	성 명		㊞
	대 리 인	주소		주민등록번호		성명		
개업공인중개사	사무소소재지	서울시 강남구		사무소소재지				
	사무소명칭	000공인중개사무소		사무소명칭				
	대 표	서명및날인	㊞	대 표	서명및날인			㊞
	등록번호	9000-10000	전화 010-0000-0000	등록번호			전화	
	소속공인중개사	서명및날인	㊞	소속공인중개사	서명및날인			㊞

4.5
소방안전교육
이수증명서

'한국소방안전원' 사이트에 접속해서 다중이용업 교육 신규 교육을 신청하면 되며, 사이버 교육을 받고 난 후 교육 이수증을 출력하면 된다.

소방안전교육 이수증명서

이 수 번 호 : 제 2019-0□□49-0□□46□□호

과 정 명 : 다중이용업 소방안전교육(신규)

수 료 일 : 20□□년 0□월 □7일

유 효 기 간 : 20□□년 0□월 □4일

성 명 : ██████

생 년 월 일 : 19██████

업 소 명 : ██████

업 소 주 소 : ██████

　위 사람은 『다중이용업소의 안전관리에 관한 특별법』 제8조제1항 및 같은 법 시행규칙 제5조제8항에 따라 소방안전교육을 이수하였음을 증명합니다.

소 방 청 장
한국소방안전원장인

4.6
화재보험
보험증권

현 고시원 MU일련번호를 확인, 보험사로 전화해서 화재보험을 가입하면 되며, 가입 후 보험증권을 출력하면 된다.

양도인이 모르면 소방서에 전화해서 양수인이라고 말하고 주소를 불러주면 MU일련번호를 알려준다.

KB금융그룹　　　　　　　　　　　　　　　　　　　　　　　　　★KB 손해보험

보험증권
(무)KB홈앤비즈케어종합보험(20.04)(22930)

계약 내용

계약자	증권번호			보험료	
다중이용업일련번호	MU-11-2013-750784		1회보험료	30,270원	
계약형태	5년납 5년만기 ∣ 실손보상형		보장보험료	30,270원	
보험기간	2020-05-07~2025-05-07		적립보험료	0원	
납입형태	월납 ∣ 자동이체		보험료할인	적용된 할인 없음	
만기수익자	∣ 수익자 지정약성 : Y				
예상만기환급금	만기시 적립액				
장애인 전용보험 전환특약	미가입				
계약자주소	(직장)(06312) 서울 강남구 논현로*** **** ********* **********				

※ 보험증권은 계약체결의 단순 확인사항이며, 담보 및 가입금액이나 보험금을 지급하지 아니하는 사유 등 계약내용 및 담보별 상세내용은 청약서 및 보험약관에 따라 결정됩니다.

재물보험 가입내용 : 목적물명_오픈하우스

소재지1 ∣ 소유자	(06312) 서울 강남구 논현로	∣ 소유자 :	∣ 계약자와의 관계 : 본인
급수 ∣ 건물구조	건물급수 : 1급 ∣ 건물구조 : 철근콘크리트조, 슬래브, 콘크리트 ∣ 면적 : 326.0㎡		
업종	실제업종 : 0380 고시원 ∣ 요율 업종 : 0059 비디오물감상실, 전화방, 화상대화방, 노래연습장		
수용장소(기타상세)			

목적물	보장명 및 보장내용	가입금액	납입보험기간
건물	**화재손해(실손)(기본계약)** 보험기간중 화재(벼락포함), 소방, 피난 손해발생시 실손보상 ※ 단, 전용주택의 경우 폭발, 파열로 인한 손해도 보상 -잔존물의 해체비용, 청소비용(오염물질 제거비용 제외) 및 차에 싣는 비용 발생시 실손보상 ※ 단, 화재손해액의 10% 한도이며 화재손해보험금과 잔존물제거비용 합계액은 보험가입 금액 한도를 초과할 수 없음.	1억원	5년/5년
건물	**유리손해(실손)** 보험기간중에 보험의 목적인 건물에 부착되어 있는 판유리에 아래와 같은 사고로 생긴 파손 손해(유리 부착비용 포함)을 보상(자기부담금 : 1사고당 2만원) 1. 태풍, 회오리바람, 폭풍, 폭풍우 2. 냉해, 수해 3. 다른 물체와의 충돌 또는 접촉 4. 파열 또는 폭발 5. 제3자의 비행 또는 과실 6. 그 밖의 돌발적인 사고	1백만원	5년/5년
집기	**화재손해(실손)(기본계약)** 보험기간중 화재(벼락포함), 소방, 피난 손해발생시 실손보상 ※ 단, 전용주택의 경우 폭발, 파열로 인한 손해도 보상 -잔존물의 해체비용, 청소비용(오염물질 제거비용 제외) 및 차에 싣는 비용 발생시 실손보상 ※ 단, 화재손해액의 10% 한도이며 화재손해보험금과 잔존물제거비용 합계액은 보험가입 금액 한도를 초과할 수 없음.	1억원	5년/5년

KB마크가 있는 경우에만 원본으로 인정합니다.　　　KB마크　**K**　　대표이사 사장　양종희 (인)

4.7
안전시설 등
완비증명서

　임대차계약서, 소방교육이수증명서, 화재보험증권을 가지고 직접 소방
서로 방문하여 안전시설 등의 사전 점검을 신청하면 된다. 최근 추세가
소방이 강화되고 있기 때문에 시간적인 여유를 갖고 신청하기 바란다.

안전시설등 완비증명서(재발급)

『다중이용업소의 안전관리에 관한 특별법』 제9조 제5항 및 같은 법 시행규칙 제11조 제2항에 따라 안전시설등을 확인한 결과, 같은 법 시행규칙 별표 2에 적합하게 설치되었음을 증명합니다.

2020년   월   일

강 남 소 방 서 장

업 소 명	오픈하우스		주 소	강남구	
사업(대표)자			업 종	고시원	
규 모	구조 : RC조, 지상5층/지하1층		연면적 : 929.00㎡		바닥면적 : 326.00㎡
	영업장 설치층 : 지상		사용면적 : 293.84㎡		구획된 실의 수 : 28개
소 방 시 설 공 사 업 자	상호(명칭)		등록번호		대 표 자
	소 재 지				

안전시설등 설치내용

시 설 구 분	설 비 명	기 준 수 량	설 치 수 량	적 합 여 부
소 화 설 비	소 화 기	28	28	적합
	자 동 확 산 소 화 기	-	-	-
	간이/스프링클러설비	57/-	57/-	적합
경 보 설 비	비상벨/비상방송설비	2/28	2/28	적합
	자 동 화 재 탐 지 설 비	30	30	적합
	가 스 누 설 경 보 기	-	-	-
	시 각 경 보 기	-	-	-
피 난 설 비	피 난 기 구 (완강기)	2	2	적합
	피 난 유 도 선	2	2	적합
	유 도 등 / 유 도 표 지	4/28	4/28	적합
	휴 대 용 / 비 상 조 명 등	28/-	28/-	적합
비 상 구	방 화 문	-	-	-
	비 상 구	2	2	적합
영 업 장 내부통로와 창문	내 부 통 로 폭	150cm이상		
	창 문 크 기	설치개수 : 2개	창문크기 : (가로) 50cm × (세로) 50cm	
그 밖의 시설	영 상 음 향 차 단 장 치	-	-	-
	누 전 차 단 기	1	1	적합
피난안내도 및 피난안내 영상물	피 난 안 내 도	32	32	적합
	피 난 안 내 영 상 물	-	-	-
실내장식물 불연화 내부구획불연화	사 용 재 료	석고보드,타일,유리		설치면적 : 1,038.08㎡
	사 용 재 료			
방 염	방염대상물품 사용여부	무	방염물품	-

◆ 금품·향응제공사실 제보창구 : 서울소방재난본부 감사담당관실
◆ 영업장 내부구조, 면적, 실내장식물 변경(신규 대상) 및 상호, 영업주 변경(재발급 대상)을 하는 경우 관할 소방서장의 확인을 받아야 합니다.(강남소방서 예방과)
◆ 완비증명서 최초 발급일자 : 2012년   월   일
◆ 재발급사유 : 영업주 및 상호 변경

4.8
안전시설 등 완비증명서 재발급 신청서

■ 다중이용업소의 안전관리에 관한 특별법 시행규칙 [별지 제9호서식]

안전시설 등 완비증명서 재발급 신청서

※ [ ]에는 해당되는 곳에 √표를 합니다.

접수번호		접수일		처리일	처리기간	3일
신청인	영업주 성명(변경 전 / 변경 후) 김대한 / 김애국			전화번호 010-1111-1234		
	영업장 상호(변경 전 / 변경 후) **고시원 / 00고시원			영업장 소재지 강남구 123		
	완비증명서 발급번호 2020 - 호			완비증명서 발급일 2020. . .		
재발급 신청사유	[ ] 잃어버린 경우 [V] 상호가 바뀐 경우		[ ] 헐어서 쓸 수 없게 된 경우 [V] 영업주가 바뀐 경우			

「다중이용업소의 안전관리에 관한 특별법 시행규칙」 제11조제4항에 따라 안전시설 등 완비증명서 재발급을 신청합니다.

2020년   월   일

신청인   김애국 (서명 또는 인)

강남 소방서장 귀하

첨부서류	증명서가 헐어서 쓸 수 없게 된 경우에는 쓸 수 없게 된 안전시설 등 완비증명서, 영업주 또는 상호 등이 바뀐 경우에는 변경 전의 완비증명서를 함께 제출하여야 합니다.	수수료 없음

유의사항

1. 영업주 또는 상호 등이 바뀐 경우에는 변경 전과 변경 후의 내용을 적습니다.
2. 완비증명서 발급번호·발급일은 신청인이 알고 있는 경우에 적습니다.
3. 완비증명을 발급받은 후 안전시설 등·영업장 내부구조·실내장식물이 변경된 경우에는 재발급을 받으실 수 없으며, 설치(완공)신고를 하시고 신규로 발급 받으셔야 합니다.
4. 기존 고시원업·산후조리업은 영업주가 바뀌는 경우에는 간이스프링클러설비를 갖추어야 하므로 설치(완공)신고를 하시고, 신규로 발급 받으셔야 합니다(이미 간이스프링클러설비를 갖추어 신규로 발급 받으신 경우는 그렇지 않습니다).

처리절차

신청서	→	접수 및 확인 (완비증명서 발급대장)	→	재발급
신청인		처 리 기 관 (소방본부·소방서)		처 리 기 관 (소방본부·소방서)

4.9
잔금 지급 시
정산내역서

인수일날 양도 · 양수인과 중개사가 만나서 아파트 이사 갈 때처럼 여러 공과금을 정산하는 절차이다. 통상적으로 고시원 입주요금 정산은 전날까지 양도인, 인수일부터 양수인이 권한을 갖는다.

인수인계 사용요금 정산표

구분	사용 기간	사용 요금	비고
전기요금	05. 01.~05. 15.	88,050원	
가스요금		201,000원	
수도요금		130,000원	2달 요금
전화요금		직접 납부	
인터넷요금		직접 납부	
정수기요금		9,000원	19,000 / 3 / 2
CCTV		구입 설치	업그레이드 필요
키 보증금		900,000원	30명×3만 원
선입금			
합계		1,328,050원	

(오픈하우스 ○○점) 고시원 양도인 (○○○)님께서 위 금액을 지급하며, 새로운 양수인 (○○○)님께 위 금액을 지급하며, 서로 합의하여 정산함.

2020년　월　일

양수인 :

양도인 :

4.10
명의 변경 및
사업자등록증 신청 절차

인수 후에 양도인과 양수인의 명의를 변경하는 절차로, 전화나 인터넷, 전기, 가스, 정수기 등이다. 회사별, 지역별로 다소 차이가 존재하므로 가능하면 오전에 잔금을 치르는 것이 시간적으로 유리하다. 사업자등록증 발급도 세무서에 따라서 걸리는 시간과 절차가 다소 차이가 존재한다. 여유를 갖고 진행하길 바란다.

사업자등록증 신청은 양도인의 사업등록증 말소 후 임대차계약서, 안전시설 등 완비증명서를 가지고 신청하면 된다. 가능하면 임대차계약서에 확정일자도 받길 바란다.

사 업 자 등 록 증

(일반과세자)

등록번호 : 619-19-

상   호 : 오픈하우스

성   명 :   생 년 월 일 :   년   월   일

개 업 연 월 일 : 2020 년   월   일

사 업 장 소 재 지 : 서울특별시 강남구

사 업 의 종 류 : 업태 숙박 및 음식점업   종목 기숙사 및 고시원 운영업

발 급 사 유 :

공 동 사 업 자 :

사업자 단위 과세 적용사업자 여부 : 여(   ) 부(∨)

전자세금계산서 전용 전자우편주소 :

2020 년   월   일

삼 성 세 무 서 장

4.11
입주 계약서

    인수받은 입주자들을 정리하고, 새롭게 맞이할 입주자들을 신청 받는 서류이다. 오픈하우스는 입실 원서가 아니라 고시원을 주거개념으로 생각하기 때문에 '입주 계약서'라 칭한다. 그리고 통일 양식을 사용한다.

입 주 계 약 서

성 명		남 / 여		NO.	
주민등록번호		입 실 료			
주 소					
전 화		휴 대 폰			
입 실 일	20 . .	퇴 실 일	20 . .		
기 타 사 항	키 보증금				

1. 기본규칙
① 오픈하우스 ○○점은 1인 1실을 원칙으로 한다. (2인실은 상담요망)
② 기본 계약기간은 1개월로 한다.
③ 입주요금은 매월 선납을 원칙으로 한다.

2. 입주요금 관련 규정
증빙서류를 첨부한 입원 등의 경우를 제외한 원생 개인사정과 원내 부적응 등의 이유로 퇴실 시 예약금 및 기납일 입주요금은 환불이 불가함을 원칙으로 한다. 단, 입주 후 15일 이내에 퇴실할 경우 월 입주요금의 20%에 해당하는 위약금과 실입주 기간에 해당하는 입주요금을 징수하고 잔액을 환불한다. 입주 15일 이후에는 전액 환불이 불가하오니 이점 유의하시기 바랍니다.

3. 입주료 납부 및 권리양도 불가
① 고시원의 입주권을 타인에게 대여 및 양도할 수 없다.
② 기간갱신의 의사표시 없이 만료일을 무단 경과한 경우 각 실의 물건을 본원 임의로 정리 처분한다.

4. 직권 퇴실
다음 각 호에 해당하는 경우 고시원 내 다수의 안녕과 질서를 위해 관리인(원장, 실장, 총무)의 직권으로 퇴실 조치를 취할 수 있다.
① 옆 실의 원내 생활에 불편을 끼치는 소란 및 소음 유발행위, 실내흡연, 음주행위, 폭력, 절도행위 등
② 허가 없이 외부인 동반입주, 풍기문란 행위, 지정장소 외의 취사행위 등
③ 정신질환 및 전염병 질환자로서 타인에 해를 끼치는 경우
④ 기타 공동생활을 위한 관리인(원장, 실장, 총무)의 타당한 권고를 임의로 거부한 경우

5. 유해물품 반입금지
타인에게 위해를 줄 우려가 있는 화기 및 화학약품과 혐오물건 또는 애완동물 등은 원내 반입을 금한다.

6. 개인물건의 분실과 기물의 손상 및 배상책임
① 개인 물품은 각자의 책임 관리를 원칙으로 하며, 특별히 사무실에 위탁 보관한 것 외의 물건을 분실 및 파손한 경우에 대하여는 고시원이 책임을 지지 않는다.
② 원내의 시설의 물품(주방식기) 등에 대한 분실 및 파손에 대해서는 복구배상을 해야 한다.

물품	TV	리모컨	냉장고	비상조명등	소화기	책상, 의자	옷장
입주일							
퇴실일							

입주 시 상기 고시원 물품에 대한 확인을 해주시고 퇴실 시 관리인(원장, 실장, 총무)에게 물품을 확인 체크해 주세요. 상기 물품에 대한 파손이나 분실은 복구 및 배상을 하시고 퇴실하셔야 합니다.

20 년 월 일   서약자 :   (인)

오 픈 하 우 스 ○○점

4.12
고시원 업무
체크 리스트

    고시원의 하루일과 등을 체크하는 리스트이다. 고시원별로 변경, 수정해서 사용하면 된다.

		비고	8. 10.	8. 12.
복도 환기	1. 현관문과 각 창문 환기			
	2. 청소기나 청소포로 복도 등 공용시설 먼지 제거			
	3. 고시원 출입 입구 깨끗이 청소			
공동 주방	1. 반찬 충분한지 확인	필요시 보충		
	2. 라면 충분한지 확인			
	3. 주방세제 충분한지 확인			
	4. 쌀, 조미료 등 충분한지 확인			
	5. 쓰레기통, 주방 주변 청소			
	6. 전체적인 전열기구 점검			
빈방	1. 문 열어서 환기			
	2. 화장실 ,샤워시설 청소			
	3. 방 시설 이상유무 체크			
세탁, 건조기	1. 세제 충분히 있는지 확인			
	2. 세탁기 문제 없는 확인			
	3. 건조기 필터 먼지 청소			
	4. 건조기 이상 유무 확인			
쓰레기통	1. 쓰레기통 주변 청소하기			
	2. 박스 안에 있는 종이류 정리			
	3. 분리 수거 방법 홍보			
옥상	1. 담배들 쓰레기통에 버리기			
	2. 바닥 쓰레기 청소			
	3. 비치된 슬리퍼들 정리			
	4. 쓰레기통 차면 비우기			

4.13
입주 현황표

입주자들의 현황을 파악하는 서류이다. 방별로 희망 금액, 입주자 정보, 특이사항 등을 기록하면 된다.

번호	방호수	희망가격	입실가격	이름	성별	연락처	납입일	입실일	퇴실예정	키보증금	비고
1	301	450,000	420,000	홍길동	남	010-0000-0000	신규 12일	2020-05-12		30,000	
2	302										
3	303										
4	304										
5	305										
6	306										
7	307										
8	308										
9	309										
10	310										
11	311										
12	312										
13	313										
14	314										
15	315										
16	316										
17	317										
18	318										
19	319										
20	320										
21	401										
22	402										
23	403										
24	404										
25	405										
26	406										
27	407										
28	408										
29	409										
30	410										
31	411										
32	412										
33	413										
34	414										

4.14
수익 및
비용관리

 고시원의 총 매출, 공실비율, 비용 등을 모두 입력해서 세전 수익이 얼마인지를 집계하고 1년 단위로 매출, 비용, 수익을 파악하기 위한 서류이다.

2020 오픈하우스 수익 및 비용관리

구분	7월	8월	비고
1. 잠재 총 소득	12,160,000	12,520,000	
(−) 공실	5,092,000	12,520,000	
2. 실제 총 소득	7,068,000	−	
사업 소득	7,068,000	−	
기타 소득	−		
(−) 운용비용	6,479,880	5,494,740	
월 임대료	4,200,000	4,200,000	
총무 급여	850,000	850,000	
식대			
가스료	630,850		
전기료	321,960		
수도세	145,000	145,000	
인터넷 등	257,470	257,470	
정수기	12,000	12,000	
쌀 등 부식			
기타비품			
보험비	30,270	30,270	
전화비	32,330		
세무사	−	−	
광고비			
3. 순 운용소득	588,120	5,494,740	
(−) 부채상환액			
4. 세전 현금흐름			
5. 법인세			
6. 세후 현금흐름			

구분		7월	8월	9월	소계	평균
입실료	301	450,000			450,000	450,000
	302	370,000			370,000	370,000
	303	370,000			370,000	370,000
	304	348,000			348,000	348,000
	305	400,000			400,000	400,000
	306				–	–
	307				–	–
	308	370,000			370,000	370,000
	309	400,000			400,000	400,000
	310	400,000			400,000	400,000
	311				–	–
	312	330,000			330,000	330,000
	401	450,000			450,000	450,000
	402	370,000			370,000	370,000
	403	350,000			350,000	350,000
	404	350,000			350,000	350,000
	405	400,000			400,000	400,000
	406				–	–
	407	480,000			480,000	480,000
	408				–	–
	409	400,000			400,000	400,000
	410	380,000			380,000	380,000
	411				–	–
	412					
	414	450,000				
소계		7,068,000	–	–	6,618,000	6,618,000
예약금						
합계		7,068,000	–	–	6,618,000	6,618,000

8월 말 금액	7월 말 금액	차액
9,501,075	5,301,531	4,199,544